Poemas de Amor y de Alquimia

Poems of Love and Alchemy

Blanca Anderson Córdova

 Ediciones Nuevo Espacio

Poemas de amor y de alquimia
Copyright 2002 © Blanca Anderson Córdova
Derechos reservados por el autor

Se prohíbe la reproducción, almacenamiento o transmisión de cualquier parte de este libro en manera alguna ni por ningún medio sin la autorización previa de la editorial. Se autoriza la reproducción de citas cortas para críticas o ensayos, identificando claramente la publicación y la editorial.

Publicado por:
Ediciones Nuevo Espacio,
colección Gutenberg
Mayo 2002
New Jersey - USA

ISBN: 1-930879-29-6

url: http://www.editorial-ene.com
e-mail: ednuevoespacio@aol.com

A *mi hija, Alexandra Sofía*

to my daughter, Alexandra Sofía

*After such long experience let "house",
"tree" or "bridge" be dared differently.*

*Always whispered to destiny,
finally and at last say it out.*

*To untangle daily creation,
which all differently endure,
we make ourselves a constellation
out of the known figure.*

R.M.Rilke *(traducido por J.Mood)*

1.

Sólo cuando entre el horizonte y tú
ni un aleteo de plumas se interponga
Sólo cuando seamos capaces
de la quietud absoluta
recogida en la lápida bajo el árbol que alguien
debería fotografiar y ocultar en las tablas de
una vieja casa...

Sólo cuando la fina línea turbia
que rodea tu pupila sea destello
seremos, amor mío,
como pétalos benditos en un estanque,
ese horizonte que habité y habitas...

Tendremos, acaso, en la ranura de una lápida
abandonada, nuestra casa
la luz de tu mirada inundará mi vientre
y sin palabras, claro, me explicará el mundo...

1.

Only when nothing comes between you
                    and the horizon,
not even the sound of feathers
Only when we are capable
                    of the utmost stillness
gathered in the marked stone by the tree
that someone should photograph
and hide under the boards of an old house...

Only when the fine, turbid line
          encircling your pupil becomes light,
we will be, my love, as blessed petals
                              in a pond,
the horizon I inhabited, you inhabit...

In the crack of an abandoned stone
                    we will have our home
The glow of your gaze will flood my womb
and without words, of course,
the world to me will be explained.

2.

En el paraje remoto de donde saliste
¿había intercambio de mensajes?
¿sensaciones errantes que buscaban lenguaje:
esa forma de ser ambigua y múltiple
que nos encuentra perdidos
como piedrecitas de colores que manos
infantiles recogen de un río sereno?

Yo sé que tú no sabes ahora
pero cuando a mi lado me miras y te miro
tiembla el aire suavemente
percibo murmullos que van tejiendo un encaje
luminoso
y creo distinguir
        entre suspiros
                la palabra origen.

2.

*I*n the remote region from whence you came
were messages exchanged?
were there errant sensations in search
                              of language:
the ambiguous and multiple way of being
that finds us lost, like colorful little
stones picked by children's hands
                        from a serene river?

I know: at the moment you don't know
But when at my side, you look at me
                and I at you
The air trembles softly
I perceive murmurs weaving a luminous lace
and seem to discern,
        amongst the whispers,
                the word Origin

3.

*E*stás y no estás

Pero no como el resto de nosotros
que creemos en la palabra "verdadero"
(Verdadero estar o no estar, no estar o estar)

Como un columpio
O el péndulo de un reloj obstinado
que, a pesar de que todos duermen,
marca las tres   las cuatro   o las cinco,

Barres las palabras
(Aún las que quedan casi sagradas colgando
del péndulo, porque siempre tres
o cuatro   o cinco no duermen y esperan
el día, verdaderamente)

Y nada colocas en su lugar
Una caricia tal vez
O un abrazo que abre el campo
como una fuente
De donde tendría que salir algo, pienso,
(Todavía atada a las tres
             o a las cuatro   o a las cinco)

Pero no: sólo la sonrisa pícara
Tus dedos en mi pelo, saludándome:
                              buenos días.

3.

You are here but then again, you are not
Not like the rest of us, believers
                           in the word "truly"
(To be truly here or not,
                   to be truly not here, to be)

Like a swing
Or the pendulum of an obstinate clock
that in spite of everyone's sleeping
marks three o'clock   four o'clock   five

You sweep the words
(Even those that remain almost sacredly
hanging from the pendulum, because always
three or four or five never sleep,
truly awaiting the day)

And you put nothing in their place
A caress, maybe
Or an embrace that opens the fields
       like a fountain
From which something should
             spring forth, I think
(Still tied to the three   the four   the five)

But no: only a mischievous smile
Your fingers in my hair, greeting me:
                         Good morning.

4.

Un poema llega de pronto, directo

un poeta diría que el horizonte le dispara
una flecha en plena lengua

otro diría que las ansias de un deseo pétreo
cuecen los versos

otro subiría y bajaría escaleras, reluciente,
mirándose amar

y aún otra aguardaría el amanecer sin escribir
ni un sólo verso

Así sucesivamente: mis poetas.

Yo te miro
y los leo a todos:
      la muerte
           el tiempo
                el azar obstinado

de un nosotros
      el dictado que me creó poema tuyo

           que te creó poema mío.

4.

A poem can arrive all of a sudden

one poet would say the horizon
shoots an arrow through his tongue

another would say verses are yearnings of a
hardened desire

another would move up and down shining
stairs, watching himself love

and yet another: she would wait for dawn
without writing a single word

and so on, my poets.
 I look at you
 I read them all
    death and time
        the stubborn chance

of a "We"
        the writing that made me your poem

            that created you as mine

5.

Día a día, entre las palabras que buscan
apartar miedo, que apuntan miedo

(miedo al águila agazapada en los ojos
 de todos,
     marcada en las tazas de café
         entre las garras mientras
             habla que te habla
                 que te habla...)

Me gasto
Sabiendo que me gasto
Finas tiras de piel caen a mis pies

Tantos pellejos flotan en los tranvías

por los lentes y las cámaras de los turistas
por las ansiedades de las aulas

Que me asombra el que podamos caminar,
continuar hablando, día a día

(el café entre las garras,
 las palabras que a veces
 son libros pegados al rostro,
 abiertos al aire, aleteando)
 ...

Día a día
Me levanto y paso sin recorrer
Sin detenerme a discernir ecos
Y me entretengo dividiendo el mundo:

hablan/ callan   hablar /callar: pellejos

Pero de vez en vez, de día en día
También un milagro viene a caer
como una estrella fugaz
entre las palabras de unos y otros
                que chocan como palomas
muertas en pleno vuelo

Sucede, a veces, cuando mueves la cabeza

Sucede cuando levantas los brazos medio perplejos

Sucede cuando el tono de tu voz adquiere la sustancia de un payaso triste

Y cuando, queriendo saber lo que ya sabes,
te pierdes del uno,
      marcando con una equis el amor que te tengo

Todo podría derrumbarse,   entonces prometiéndome,
          acaso

             el silencio.

5.

Day by day, surrounded by words
that want to push fear away,
that point to fear

(fear of the eagle crouching in our eyes,
branded in the cups of coffee
held by the claws while we talk,
         and talk,
                 and talk)

I wear myself away
Knowing it
Fine strips of skin fall at my feet

So many shreds float about in the streetcars
around the lenses and cameras of the tourists
around the anxieties that breed in the rooms

It is amazing how we can walk; continue
walking, day by day

  (the coffee between claws,
    words that can be books
      stuck to our faces, open, flapping)
...

Day by day
I get up and wander without ever crossing
or stopping to perceive the echoes
Busily dividing the world:

    talking   not talking   to talk
not to talk :   fine strips of skin

But once in a while, day by day
A miracle, a shooting star, happens to land in
the midst of all the words that have crashed,
like dead doves in mid flight

It happens, sometimes, when you shake your
head

It happens when you raise your arms,
perplexed

It happens when the tone of your voice
acquires the consistency
of a sorrowful clown

And when, waiting to know what you already
know, you lose yourself from the one and
mark with an X my love for you

Everything could come tumbling down, then

promising me

        the silence.

6.

*F*lotamos por
la maquinaria
que somos
peces en una pecera

Los perdones
que tendré que
pedirte
cuando finalmente
crezcas como una enredadera silvestre
encajándote en mi memoria
vida mía.
Tendré que contarte
de los azulejos de ojos
que limpié
devorándome
como tal vez tú hagas.

No me escucharás
claro
porque andarás
tus propios vértigos
siendo, siendo.

...

Pero y este colador
que me rodea
cuando te abrazo
como si mil ángeles
giraran sus alas
señalándonos:
árbitros indiferentes
a este espacio
que te sugiere flotante
que me llega girando

mientras día a día
nuestra pecera nos hiere y
crecemos cuerpo
crecemos puente
crecemos muerte.

6.

We float through
the mechanisms
we are.
Fish in an aquarium.

Oh my love,
I will have to ask
forgiveness
when finally you grow like a wild vine
and insert yourself in my memory.
I will have to tell you
about the wall of eyes
I cleaned
while devouring myself
as you will, too.

Of course you won't listen
you will be wandering
your own vertigos
being, just being.

...

But what about the sieve
that surrounds me
when we embrace
as if a thousand angels
turned their wings
pointing in our direction:
indifferent arbitrators
of the space
that suggests you floating
that reaches me, turning

while day in, day out
in the wounds of our aquarium
we grow body
we grow bridges
we grow death.

7.

Mi brazo desencajado te busca

mi corazón golpea con fuerza
una puerta agujereada

miras hacia otros lados
no puedes detenerte ahora, lo sé.
      Yo tampoco.

la muñeca que sería mi símbolo se llena de
agua desde el fondo de tus ojos oscuros

ellos son los últimos culpables y los primeros
del desencajamiento que sufro
desde tu vida, desde la mía.

7.

Disconnected, my arm searches for you

My heart knocks furiously on
a hole-ridden door

you look away.
you can't stop.   I know.   Neither can I.

my would be symbol - the doll- fills with the
water springing from your dark eyes

They are the ones to blame
for the disconnection I suffer
from your life, from mine.

8.

Las casas solitarias expanden
El aire que habitan   robado a los pantanos
Aquí las ansias olvidadas
           han sido las arquitectas
y el olvido las rodea

Se nos pega a nosotros, habitantes errantes
Seguimos impasibles como si no hubiera
peligros en este continuo producir silencio
sobre silencios.

Nos movemos por aquí
nuestro sudor rumorea desde el agua
estancada: explicar el azar de las fachadas
adivinar el susurro de las almas muertas
es obsesión y juego

Me das tu mano y caminamos
Yo adoro caminar mano a mano contigo
a pesar de pertenecer a este lugar
donde nadie pertenece

...

Nuestras manos unidas forman un puentecito
precario   flotante
casi amenazando con romper el espejismo
          abandonado de esta ciudad.

Construimos un recuerdo, especialmente tuyo
Hilamos un pertenecer
Alimentar esta ciudad
          con unas gotas de amor
que se escurren desde nuestros dedos
hacia la tierra de casas sin voz,
          ciegas.

8.

The solitary houses, thieves of swamps,
extend the air they inhabit.
Here forgotten frenzies have been
their architects
and oblivion surrounds them.

It adheres to us, errant inhabitants.
We continue, unperturbed,
as if there were no dangers
in this continuos piling up
of silences upon silences.

We move around. The rumors of our sweat
from the stagnant waters.
To explain the random facades
to guess the murmur of dead souls is our play
and obsession.

You take my hand and we wander
I adore walking hand in hand with you
even when we are in this place where nobody
belongs

...

Our hands form a little bridge, uncertain, floating
Almost threatening to tear at the abandoned mirage of this city

We are building memories, especially yours
We are threading a belonging
Feeding this city
with drops of love
that slip between our fingers
upon the earth of the voiceless, blind houses.

9.

Mi mano suelta tu mano mano y entre ellas
pareciera nacer un mundo
Invisible y vacío, será el que se irá llenando
sin mí pero no exactamente sin mí:

Te he soltado la mano y el jarro transparente
que yace en ella
contiene las huellas del aire
         que luchó con mi aire,
         partiendo las estrellas silenciosas
que mirábamos
cuando te solté la mano.

9.

My hand lets go of your hand and between
them a world seems to be born
Empty and invisible, it will begin filling up
without me but not exactly without me:

I let go of your hand and the transparent
pitcher that lays in it
holds the traces of the air that struggled
                                          with my air,
that divided the silent stars
                                we were watching
when I let go of your hand.

10.

Te tuve cerca
Tan cerca que escuché el murmullo de ángeles
                 que rodea tu pecho.
Te tuve cerca
Sostuve tu cuerpo que siempre
          parece retar el espacio.

Te tuve cerca
El amor se me derramó
          por tus escaleras precarias
Tus malabarismos fueron danza
              de albricias y dolores
Traspasamos el espacio al compás del coro
          que brotaba por tu sangre.

El mismo movimiento que susurraba
por tus venas me arrojó lejos de ti,
aplastándome dulcemente
bajo tus pies hambrientos.

10.

I held you close
So close I listened to the murmur of angels
 encircling your breast
I held you close
Held the body that always seems to be
 challenging space.

I held you close
My love overflowed
 down
 your precarious stairs
Your movement danced the dance
 of bliss and sorrow
We pierced space in time with the chorus
 that rose in your blood.

The same movement that whispered through
your veins hurled me away from you,
your ravenous feet crushing me sweetly.

11.

Hay un tercero que se me interpone cuando
te busco
Está ahí y hemos de atenderlo
Tanta gente baila sobre los azulejos que
¿cómo vamos a acostarnos
sobre el piso frío y buscar figuras en ellas,
por horas lánguidas?

A mi costado está éste ahora, el tercero,
padre del desvío que sucede
cuando nos miramos a la mitad del día
Atrayente tercer brazo o pie que rehúsa
dejarnos
No quiere que lo miremos
y no quiere que lo ignoremos
Permanece ahí, murmurando voces sueltas
(sé que te llegan, cuando entornas la cabeza)

Y yo no puedo decirte que no las escuches,
si vienen de aquí, de al lado mío
no puedo decirte que no las escogí
porque sería mentirte, no puedo decirte nada
porque me unieron a ti desde abajo,
desde la tierra húmeda y ajena
y tú eres mi sueño también de la tierra,
quisiera decirte pero callo...

Callo y busco memorizar una respuesta,
si es que algún día me la pides.

Sólo puedo invitarte a mirar los azulejos
entre sus pies
(entre tantos pies que bailan
 y seguirán bailando)
 y rogar que no te pierdas de mi mano,
soñar que no te pierdes de mi mano,
que siempre estaremos allí mirando
hacia el lugar
donde no hay sombras,
donde nadie está a mi lado distrayéndote,
donde como una aguja sobre un compás
certero, escribimos un nuevo jardín
transformado.

11.

In my search for you, a third one intervenes
Over here, needing attention
*(So many people dance on the tiles! How can we
lay on the cold floor
to search, languidly, for figures?)*

Here at my side, the third one, the father
of the detour that occurs when we look at
each other in the middle of the day
Luring third arm or foot that refuses to leave
Not wanting to be seen, not wanting
to be ignored
Remaining there, murmuring loose voices
(I see you tilting your head and know you are
listening)

I can't tell you not to listen to them, when
they come from here,
from my side. I can't say I didn't choose
them. That would be lying.
I can't say anything because they helped us
join from below,
from the wet earth that, indifferently, had us
born, and you too
are my dream from the earth, I would like to
tell you but I don't...

I don't, and I search for an answer, if you one
day should ask.

I can only invite you to look at the tiles under
all these feet
(under so many dancing feet),
and wish your hand is always in mine, dream
your hand in mine,
pray we will always be there, gazing towards
a place where there
are no shadows, where nobody is beside me
distracting you, where,
like a needle marking an accurate compass,
we write a new garden, transformed.

12.

Alrededor nuestro
suceden cosas:

primero, crecemos
segundo, nos distraemos
tercero, nos damos la vuelta
para encontrar que alguien
ha movido la jarra de la mesa,
que un hilo plateado
se filtra por la ventana entreabierta.

Nos desplazamos juntos y cada uno
y a veces nos perdemos.

¿te angustia tanto como a mi?
una angustia que permanece pegadita
como una gota a la copa,
como una telita de araña
desprendida en la ventana

De pronto nos encontramos otra vez:
la sonrisa viaja tierna
de almohada a almohada
y un remolino se detiene sobre nuestras
cabezas agradecidas.
...

Y cuando nos toca crecer, distraernos,
descubrir que la jarra
y la ventana se han corrido a otras
habitaciones

mi angustia nos recuerda
y termino aceptando el aleteo
que sale de las cosas,
que se agita por el aire,
que te susurra por las espaldas,
empujándote con su lenta invitación
peregrina...

12.

Around us
things happen:

first, we grow
then, we are distracted
and then, we turn around and discover
someone has moved
the jug from the table,
and a silvery thread filters
through the half-opened windows.

We move together, separately, alone, and we
lose ourselves, sometimes.

Do you feel the anguish I feel? The tiny
anguish that remains
like a drop on a glass,
like a loose cobweb floating in the window?

Suddenly, we meet again. A tender smile
travels from pillow to pillow
and the vortex stops right above our grateful
heads.

...

And when it is time to grow, be distracted,
discover
that the jug and the window have fled to
other rooms

My anguish remembers and I accept
the rustling sound
that seems to come from things,
moving the air around you,
whispering over your shoulders,
inviting you to its meanderings... `

13.

Cuándo podré mirarte a la cara y ver las
letras luminosas que escriben
en tu frente todo tu momento,
tu antes y tu después, mas lo que va
a venir a incluirme para llevarnos,
movernos... Desde adentro hacia afuera
se llega a los márgenes, invadidos en un octubre
cualquiera que alguien sueña en un rincón
del mundo... Tú eres todo eso, ¿verdad?
Tus ojos saben eso, ¿verdad? Porque yo
entiendo las palabras transparentes que
llenan los gestos, multiplicándose mientras se
borran las fronteras y la flor, la noche, el
mañana que viene, el octubre anunciado
desde el rincón de una pitonisa que nadie ha
escuchado pero que tú sí escucharías,
entendiéndola...

...

Sé del marchito dolor de padre y el amor
tuyo, todos los amores de ayer y mañana,
los que vendrán a evocarte en otros gestos y
labios, los que me desplazarán hacia la luz
que reinará al costado mientras te sumerges
en el entusiasmo de vivir, todo lo entiendo
sin remolinos ni vértigos, sin reglas ni orden,
simplemente lo veo salir de tu movimiento,
cruzando el espacio que nos une, lo veo
llegar, y como que me cuelga a tu lado,
lo veo mirarme cuando me miras y desde
afuera, silenciosamente, desde afuera, como
debe ser, todo se vuelve diferente,
las costuras se abren y se derrama el amor
que nos observaba desde tu pupila secreta,
transformándome el mundo,
transformándonos.

13.

When will I look at you and see the
luminous letters that write, upon your
forehead, all of your moment, your befores
and afters, and what will come to include me,
to take us, move us...
From the inside out one arrives at the
margins, invaded in an October someone
dreams about in a corner of the world... You
are all that, aren't you? Your eyes know all
that, don't they? Because I can read the
transparent words that seem to fill each
gesture of yours, multiplying them while
erasing the boundaries of the flower, the
night, the tomorrow that will come,
the October announced from the pythoness'
corner... (the one nobody has listened to but
you would, you would listen, and
understand) I know about a father's wilted
sorrow, and of your love, all the loves
fromyesterday and tomorrow, even the ones
that will come to call you forth through other
lips and motions, the ones that will displace
me towards the light that will reign at your
side while you submerge yourself in life's
enthusiasms; I understand it all,

...

without whirlpools of frenzy, rules or order; I
simply see it in your movements, crossing the
space that unites us; arriving and kind of
dangling me at your side;
I see it look at me when you look at me, and
from the outside, silently, from the outside,
as it should be, it all becomes different, the
seams open from the inside to the outside,
and the love hidden in your secret pupil,
observant, spills forth,
altering the world for me,
the world and us.

14.

no es fácil verte atisbar por sobre mi
hombro, al abrazarme, no es fácil
adivinar tu distracción
y lo que será deseo de dejarme un momento,
muchos momentos, para salir a perseguir
estrellas, observar peces, hasta amar. No es
fácil y sin embargo, ¿cómo no ser esa dulzura
con que te inclinas sobre el agua? ¿cómo no
perderme en esa mirada al cielo que anuncia
el cambio, las ganas de vivir, el dar y recibir
que es el mundo, caminos abiertos y posibles,
gritos al atardecer y muchas otras cosas?
¿cómo no vivir en esta muerte que me
anuncias, ahora casi sin saberlo, después
directamente, cuando te alejes (mirando hacia
atrás, saludándome con una mano y tu
sonrisa sabia) y yo permanezca allí, abrazada
a una silueta que mira su reflejo en el cielo,
yo frente al espejo que eres, yo frente a mí
misma, de frente al amor que te tengo.

14.

It is not easy to see you peeking over my shoulder, when we embrace; it is not easy to foretell your distraction and what will be the desire to leave me for a moment, for many moments, in order to follow stars, watch the swimming fish, even to love. It is not easy and yet, how can I not be the sweetness with which you bend down to gaze at the waters? How can I not lose myself in that look towards the sky that announces change, desires to live in the give and take of the world, open and possible paths, echoes of cries in the dusk, and so much more? How can I not live in the death you reveal, now almost without knowing it, later directly, when you leave me (looking back, waving, and your wise smile) and there I remain, embracing a silhouette that looks at its reflection in the sky; I, facing the mirror you are, face to face with myself; facing my love for you.

15.

Del pronombre al nombre.
Ese que busqué en los confines de mis deseos,
allí donde el cuerpo cede a los mensajes
secretos que se escriben miembros, piel,
poros.

Mi yo, abierto y transparente, supo de tu
nombre mientras se movía en su quehacer
cotidiano, regando plantas, haciendo cafés,
hojeando el cielo, atisbando lluvias.
Entonces buscó en los diccionarios
acumulados por las esquinas de sus casas.

Abierto y transparente porque tu nombre
entró alegre a descubrirme,
serio a descubrirme,
gajo a gajo a descubrirme

El polvo empezaba a caer de los anaqueles,
como las páginas que caen de los rostros de
los infelices cuando hablan.

Las letras de mi boca caían escribiendo tu
nombre.
Quise que desplazara a los demás
y empezara a echar raíces
en mi cuerpo cubierto de cicatrices.

15.

*F*rom the pronoun to the noun. The one I searched for in the remote worlds of my desires, where the body yields to the secret messages that write its parts, its skin, its pores.

This "I", opened and transparent, found your name while moving about in daily tasks: watering plants, making coffees, searching the sky, watching for rains.
Then I looked in the dictionaries stacked up in the corners of my homes.

Open and transparent because your name came to discover me,
to seriously discover me, wedge by wedge discover me

Dust had begun to fall from the bookcases, just like the pages that fall from the faces of unhappy souls when they talk.

Letters fell from my mouth writing your name. I insisted it displace the others and begin growing roots throughout my scar-covered body.

16.

Pensaba que habría una línea fina y dulce
uniéndonos a pesar de los torbellinos éstos
que salen disparados de nuestro interior,
errando las ventanas,
golpeándonos el rostro,
pensaba que ese trazo diáfano
que nos nació un día juntos
creándonos nuevos en el mundo
estaría ahí, como un suspiro entre las hojas,
circulando suavemente por nuestros ojos,
siempre secándonos las heridas.

que sabríamos leernos
que siempre encontraríamos la página
marcada
y retomaríamos el hilo nuevamente, dichosos.

16.

I thought there was a fine, sweet line
that would unite us in spite of these turmoils
that shoot out from our insides,
missing the windows,
striking us back in the face,
I thought the diaphanous trace
that had us born one day
creating us new in this world
would be there, as firmly as the breath that
lingers among the leaves,
circulating softly around our eyes,
always drying our wounds...

that we would know how to read ourselves
that we would always find the marked page
and that we would continue the story once
again, happily.

17

Tu mirada adquiere una dimensión
de cuadro enganchado a la pared:
devuelve la mía
y me invita a interpretar. Es
algo más que un reto, es como
si no pudieras a pesar tuyo
dejar de escuchar

> las trompetas que a ti solo te
> acompañan
> o los aleteos olorosos
> de las flores que se te insinúan
> y tanto te enloquecen

Todo eso queda pegado al cristal sobre tus
ojos que es como el cuadro que me observa
desde su inmovilidad. Sé que me estás
lanzando una pregunta imprecisa,
rogándome una respuesta,

la pregunta que me haces suena y huele,
la respuesta que me pides, yo no la sé.

...

Amor mío, ¿qué puedo decirte?
Yo también oigo las músicas,
huelo los jardines
y veo las flores morirse, lentamente,
cuando las recoges y las dejas
olvidadas sobre la mesa.
Yo veo la pregunta convertida en cuadro
colgado a la pared
que exige mi interpretación.

Sólo un abrazo puedo darte,
un instante de refugio en mi hombro,
un precipicio tranquilo,
no tengo más respuestas
que este lento sabor a muerte,
este lento sabor a vida.

17.

The look in your eyes acquires
the dimensions of a painting
hanging on a wall: it looks back
at me and invites my
interpretation. It is more than
a challenge, it is as if in spite
of yourself you can not stop
listening

to the trumpets that accompany only you
      or the rustling scent
of the flowers that hint at you and that you
like so much

All of that remains stuck to the glass over
your eyes that are like the painting
observing me from your stillness.
I know you are asking me an imprecise
question, begging for an answer,

your question rings and smells,
the answer you want, I do not know.

...

My love, what can I say? I too
hear the music, smell the gardens,
see the flowers die, unhurriedly,
when you pick them
and forget them on a table somewhere,
I see the question that becomes
a painting hanging on a wall,
requiring my interpretation.

I can only embrace you, offer a momentary
refuge on my shoulder,
 a calm precipice,
I don't have any more answers
than this slow taste of death,
this slow taste of life.

18.

*F*uiste el sueño que tuve una noche
mientras deliraba incertidumbres entre hipos
una espera que me esperaba agazapada
abrazada, tal vez,
a la *Esquina Manchada de los Sueños Perdidos*

Se me abalanzó encima
y me clavó su puñal florido
en pleno corazón sentí la fragancia
que luego, muchos años después, identificaría
como tuya
entre las sombras
de la habitación donde te soñaba

Sentí que había añorado, sin saberlo
el momento en que tus ojos,
como dos pétalos negros, buscaron mi rostro
y nos hundimos, de rodillas, en el tumulto
de venas, en el remolino de llantos
que encharcaban
la *Esquina de los Sueños Perdidos*,
derramándose por el mundo
que nos esperaba.

18.

You were the dream I had one night
when, delirious, I hiccupped uncertainties
    to the world
A waiting that waited for me, crouching,
hugging perhaps,
the *Stained Corner of Lost Dreams*

It fell upon me
The blossoming sword pierced me
I felt its fragrance in my heart
the same fragrance that, many years later
I would identify as yours
lying amongst the shadows
in the room where I was dreaming

I felt I had longed, unknowingly
for the moment in which your eyes, like two
black petals,
searched for my face
and we fell to our knees, submerged
in the chaos of veins,
in the whirlpool of tears that stained
the *Corner of Lost Dreams*
spilling forth to the world that awaited us.

19.

*L*a tierra nos recibió un día
        abierta como una mandarina

Permitió que naciéramos

Nos vio crecer, alimentando la memoria
        (a ratos, elocuaz) que enfila los días

Nos quiso, creo, a su manera
        con sus mil ojos

Nos mostró la esquina de un mapa luminoso
        y supe que aquella estrella caída eras tú

Le pedí que te bendijera
        le agradecí la caída al balcón de mi casa

no sé si me escuchó

Sólo sé que para allá iré un día
        contigo en el rostro

lágrima de luz que cae a la tierra.

19.

The earth received us one day
    open like an orange

Allowed our birth

Saw us grow, feeding the memories
    (sometimes eloquent) that line up the days

Loved us, I think, in her own way
    with her thousand eyes

Showed us the corner of a brilliant map
    and I knew that fallen star was you

I asked her to bless you
    I was grateful for that fall on my balcony

I don't know if she heard me or knew

I only know I will go there one day, with you written on my face,

tear of light that falls on the earth.

20.

Yo no querría que escucharas los
escándalos que suceden a nuestro alrededor
	A veces provocados por mí, que no
tengo tu susto abierto, tu susto maravillado
como una manzana a mitad del mundo
	Yo, sin embargo, soy como tantos:
ruidosos, obstinados, gritando improperios al
sol que te calienta, como un capullito de flor.
	Pero los escuchas
	Naciste aquí
	Estuviste conmigo
	pedacito de alma
	solitario brillante que llora
	entre el ruido de los transeúntes
que me distraen

Hasta que me tomas de la mano,
me pides silencio,
me vuelves al mismo lugar que dejé,
ahora limpio, empezando a recibir el aliento
oscuro que me recuerda...

20.

I wouldn't want you to hear the
clamors that happen around us,
      Sometimes brought about by me, I
who don't have your open fear, your
marveled fear, a halved apple thrust
unto this world,
      I, on the other hand, am like so many:
noisy, obstinate, yelling insults to the sun
that warms you up like a little flower bud,
      But you hear them
      You were born here
      You have been with me
      my darling
      brilliant solitaire crying
      amongst the noisy passersby
      who distract me

Until you take me by the hand,
ask me to be silent,
and return me to the same place I had left,
now cleansed,
beginning to receive the dark breaths that
remember me...

21

En este breve paseo ya clásico
que es tu cuerpo junto al mío, evocamos
la luz de la naturaleza que nos creó
nuestros alientos juntos
la burbujita leve que nos contiene
nuestra vida.

Nuestras vidas
antes de que pasen de largo
hacia los anaqueles
uniéndose al coro fantasmal que nos rodea
el que a veces te llama
(lo leo en tus ojos, cuando miras las paredes
con la atención de los videntes)

En este pequeño momento enlazado
me he perdido, total y para siempre,
el mundo ahora es tú
volcada hacia adentro, saludo a tus peregrinos
se reducen los ángulos hasta ser el filo
que perfora almas
y vuelvo a derramarme por el mundo,
regando lo vivido y lo por vivir,
el agua de tu cuerpo pegado al mío.

Sobrevivo al mundo y lo ahogo,

mi desbordado amor, tan breve y tan mundo.

21.

*I*n this already classic stroll
that defines your body next to mine
we evoke
nature's creation of light, our breaths
the slight bubble that holds us, our lives.

Our lives,
before they pass by us, and move
towards the bookshelves,
joining the ghostly chorus that surrounds us,
sometimes calling you
(I read it in your eyes, when you look at the
walls with a diviner's attention)

In this brief,
fleeting moment of our entwined lives
I have lost myself, totally and forever,
my world is now you,
turned inside, I greet your pilgrims
all angles are reduced to a sharpened thread
pricking our souls,
spilling me out once again, over the world,
wetting what has been lived and what
is yet to come,
the water of your body next to mine.

I survive the world and I drown it,
my overflowing love, so brief, and
so of this world.

22

*t*ambién este silencio que me nace desde,
cuando niña, callaba
es tuyo
también este miedo de que sufras
es tuyo
también esta aureola de pasados
que interceptan mis diálogos contigo,
mientras duermes y te miro y hablo
es tuyo
todo esto es tuyo
y no lo sabrás
conocerás las palabras titubeantes
de mis análisis precisos
y no sabrás del arcoiris
que me dibujaste un día
dejándolo olvidado sobre una mesa
me hirió con la dulzura de su olvido
recogí el papel
lo guardaré para siempre
para ir a sacudirle las gotas
y mirarlo, en algún momento
cuando ya no estés de cuerpo frente a mí
cuando no te sienta trepidar hacia
el baño a media noche

...

cuando ya no llores sobre mi hombro sin
atreverte a entender
el por qué de la vida cortada a nuestro
alrededor
el por qué de tanto ruido de almas perdidas
que no pueden seguir la curva del arcoiris
que sin embargo tú olvidaste un día sobre
una mesa
provocando mi llanto, amándote.

22.

Also, this silence born to me since
the silences of my childhood
is yours
this fear that you will suffer
is yours
this halo of pasts that intercept my dialogues
with you
while you sleep and I look at you and talk
is yours
all of this is yours
and you will not know it
you will know the wavering words
of my precise analysis
But you will not know about the rainbow you
drew one day
leaving it forgotten upon a table
its forgotten sweetness wounded me
I picked it up
I will keep it always
to go and shake away the drops
and look at it, sometime
when you no longer stand facing me
when I no longer hear you treading towards
the bathroom at midnight

...

when you no longer cry upon my shoulders
not wanting to know
why so much life is cut down around us
why so much noise of lost souls
unable to follow the curve of the rainbow
that you, nevertheless, forgot one day
upon a table
moving me to tears, loving you.

23

Regreso a ti. Siempre.

La vuelta es amplia: empieza con un sapito que rozó mi pie,
Llega a la incredulidad de estar en este país,

Rodea la noche, recogiendo:

a un amigo con quien ya no me hablo,
a un tío muerto,
un canto litúrgico que escuché un día
tras las rejas de un viejo convento,
el deseo de ver el mar Caribe,
el dolor ante el miedo que desfila en las pantallas,
la paz del cielo,
mi edad,
y los años que me quedarán.

Regreso a ti.

Tu rostro dormido es el sapito,
la incredulidad,
la noche,
el amigo,
el tío,
el canto,

el deseo,
el dolor,
la paz
y el tiempo.

Siempre.

23.

I return to you. Always.

It is an ample turn: it begins with the tiny
frog that brushed against my foot,
it ends in the incredulity of being in this
country,

It surrounds the night, gathering:

a friend who does not speak to me anymore,
a dead uncle,
a liturgical chant I heard one day
coming from the bars of an old convent
the desire to sea the Caribbean,
the pain of facing the fear parading through
the screens,
the sky at peace,
my age,
and the years I have left.

I return to you.

Your still, sleeping face is the tiny frog,
the incredulity,
the night,
the friend,
the uncle,
the desire,

the chant,
the pain,
the peace,
and time.

Always.

Crítica sobre los libros de Blanca Anderson:

Sobre su prosa
Cuando los heraldos piden tregua
"La vida no es verosímil, afirman estos ritos y semblanzas. Las asociaciones deslumbrantes de (su) escritura nos hacen olvidar lo lapidario del mensaje: el asombro ante la irracionalidad del mundo y de sus hombres, la maravilla ante tanto dolor sin sentido. El camino que va de este terreno altamente referencial, esto es, particular (nuestras vidas y sus sinsabores) al tejer y destejer de nuestras "historias" (la manera como interpretamos esa vida que nos tocó vivir) está narrado con la frescura de un increíble sarcasmo. Blanca Anderson Córdova se acerca (y se aleja)- casi peligrosamente- de lo desmesurado y lo pequeño, lo trágico y banal, la imaginación y lo pedestre de sus personajes: los comprende profundamente. Por boca de ellos habla el amor, la pérdida, el desatino, el hambre de respuestas, y también una secreta certeza de tenerlas ya todas sin poderlas aceptar".

Lelia Madrid

Sobre su poesía:

"Su libro de poesía *Ecos arañados* es una meditación constante entre el pasado que ya no existe, el futuro que se vislumbra y el momento presente que se vive. En palabras de Blanca: "ese espejismo en que nos sumergimos, a pensarnos ayer, a reinventarnos hoy..., el sueño que fuimos, que somos, mientras continuamos bañados en la luz del espejismo..." A través de toda su obra Blanca presenta la trágica ambivalencia de ese espejismo como una sensación errante en búsqueda de un lenguaje. En *Poemas de amor y de alquimia* ese lenguaje se convierte en un "lento sabor a muerte, un lento sabor a vida," y sus versos son capaces de representar la quietud absoluta o el aleteo constante de las cosas... En sus meditaciones perennes entre un ayer ya vivido y un mañana que todavía no es realidad, el presente que se vive puede ser nada más que un momento efímero o puede llegar a convertirse en una propia constelación. Y ese privilegio de sobrevivir al mundo, como la autora lo dice, se logra a través del amor... El amor como un soberano y un sujeto único entre un universo de objetos, que tiene el poder de negar la muerte, integrándose con la propia vida o prometiendo la inmortalidad del alma... En su prosa y en su poesía Blanca Anderson Córdova considera la vida como un velo de ilusión debajo del cual puede estar escondida la verdad de Nirvana."

Aída Trau

Otros títulos publicados por
Ediciones Nuevo Espacio

Novela, cuento y poesía

Ado's Plot of Land
Gustavo Gac-Artigas - Chile
Benedicto Sabayachi y la mujer stradivarius
Hernán Garrido-Lecca - Perú
Beyond Jet-Lag
Concha Alborg - España
Buenos Aires
Sergio Román Palavecino - Argentina
Como olas del mar que hubo
Luis Felipe Castillo - Venezuela
Correo electrónico para amantes
Beatriz Salcedo-Strumpf - México
Cuentos de tierra, agua.... y algunos muertos
Corcuera, Gorches,
Rivera Mansi, Silanes - México
El dulce arte de los dedos chatos
Baldomiro Mijangos - CDLibro- México
Exilio en Bowery
Israel Centeno - Venezuela
La lengua de Buka
Carlos Mellizo - España
La última conversación
Aaron Chevalier - España
Los mosquitos de orixá Changó
Carlos Guillermo Wilson - Panamá
Melina, conversaciones con el ser que serás
Priscilla Gac-Artigas - Puerto Rico
Off to Catch the Sun
Alejandro Gac-Artigas - Latino - USA
Prepucio carmesí
Pedro Granados - Perú

Rapsodia
	Gisela Kozak Rovero - Venezuela
Ropero de un lacónico
   Luis Tomás Martínez - República Dominicana
Simposio de Tlacuilos
		Carlos López Dzur - USA Latino
Todo es prólogo
		Carlos Trujillo - Chile
Under False Colors
		Peter A. Neissa - USA
Un día después de la inocencia
		Herbert O. Espinoza - Ecuador
Viaje a los Olivos
		Gerardo Cham - México
Visiones y Agonías
		Héctor Rosales - Uruguay
Yo, Alejandro
   Alejandro Gac-Artigas - USA - Latino [English]

Academia:
*Reflexiones: ensayos sobre escritoras
hispanoamericanas contemporáneas. 2 Vols.*
		Editora: Dra. Priscilla Gac-Artigas
Caos y productividad cultural
			Holanda Castro - Venezuela
The Ricardo Sánchez Reader / CDBook
		Arnoldo Carlos Vento - USA
Double Crossings / Entrecruzamientos
   editors: Carlos von Son y Mario Martín Flores

http://www.editorial-ene.com
ednuevoespacio@aol.com
New Jersey, USA
Disponibles en:
   www.editorial-ene.com   www.amazon.com
		www.bn.com

www.ingramcontent.com/pod-product-compliance
Lightning Source LLC
Chambersburg PA
CBHW020013050426
42450CB00005B/458